LE PÉGASE PARISIEN.

EPITRE POPULAIRE

ANTI JÉSUITIQUE

A

Nosseigneurs les Évêques

SUR LE PROJET ÉPISCOPAL

de compenser l'expulsion des Jésuites par l'asservissement
de l'Université et du Collége de France,

PAR M. E. BREBION,

auteur de poèmes, fables, épîtres et poésies diverses.

« L'épiscopat s'altère, il meurt, il dépérit ;
Il tombe tous les jours, s'abat, s'anéantit ;
Sans calculer sa force, il attaque, il méprise
Nos hommes respectés, les amis de l'Église ;
Rien n'échappe à ses coups : aujourd'hui c'est Dupin,
Demain c'est Lamartine, un autre jour Martin ;
Il n'épargne pas même un Bossuet sublime
Dont la sagesse, certe, est passée en maxime ;
De ces censeurs obscurs apprenez le mépris ;
Le grand-aigle de Meaux cède à l'AFFRE-PARIS !...»
(2° *Épit. popul. anti-jésuit.* au poète BARTHÉLEMY.)

PRIX : 50 cent.

PARIS

CHEZ L'AUTEUR-EDITEUR,

rue du Petit-Lion-Saint-Sulpice, n° 5.

Chez Mme LALLEMAND-LÉPINE, r. Richelieu, 52 ;
A Versailles, chez M. LEMAISTRE, Passage St-Pierre, 1,
où MM. *les Libraires pourront se fournir d'exemplaires.*

1845.

ÉPITRE POPULAIRE

ANTI-JÉSUITIQUE

A NOSSEIGNEURS LES ÉVÈQUES,

SUR LE PROJET ÉPISCOPAL

De compenser l'expulsion des Jésuites par l'asservissement
de l'Université et du Collége de France ;

PAR M. E. BREBION,

auteur de poèmes, fables, épîtres et poésies diverses.

> « Les temps, nous l'espérons, ne sont pas
> éloignés où les nuages des préjugés et de l'er-
> reur seront généralement dissipés sur la terre
> par la lumière radieuse de l'Évangile, et où
> les saintes écritures et la parole vivifiante de
> Dieu seront le fondement de l'espérance des
> hommes, aussi bien que de leur foi et de
> leur culte. »
> (L'évêque LUSCOMBE, *Cérém. de la Confirm.*)

Prix : 50 cent.

—�—

PARIS,

CHEZ L'AUTEUR-ÉDITEUR,

rue du Petit-Lion-Saint-Sulpice, n° 5,

—

1845

ÉPITRE POPULAIRE ANTI-JÉSUITIQUE

A

NOSSEIGNEURS LES ÉVÊQUES,

sur le Projet épiscopal de compenser l'expulsion des Jésuites par
l'asservissement de l'Université et du Collége de France.

Quand j'aurais d'Apollon les accents enchanteurs,
Je ne pourrais toucher nos évêques-*seigneurs* :
Le siècle a marché, l'évêque est en arrière ;
Il demeure enfoncé dans son antique ornière.
L'évêque blâme tout : Juif Errant, Feuilleton,
Qu'acheta chèrement le prévoyant Véron,
Et les romans nouveaux, tout empreints de morale,
Que convoite, à l'envi, l'estime générale :
Pour lui seul indulgent, rempli d'un orgueil vain,
Il damne, de plein droit, — qui ? — tout le genre
Dans son zèle irrité, lançant son anathème, [humain !
A son arrêt fatal n'échappe pas Dieu même ;
Car, de l'esprit, des sens, Dieu fut le créateur :
Eh bien ! l'évêque, lui, s'en montre immolateur ;
Mais, sans nous épuiser, nous déclarons, en somme,
Qu'il vaut mieux obéir au tout-puissant qu'à l'homme !
Quand Phœbus renaîtrait, éclatant de splendeur,
Il toucherait l'enfer plutôt qu'une *grandeur !*

Pourquoi donc les prélats se font-ils égoïstes,
De leur voix harcelant les hommes progressistes?
Mais c'est que, par leurs vœux, détachés de ce monde,
Ils vouent à tous nos droits une haine profonde;
Comme morts, sur la terre, ils ne peuvent jouir;
De nos privations ils se font un plaisir;
Voulant que les humains, moulés sur leur image,
De loisirs innocents s'imposent le sevrage.
Montesquieu dit bien vrai, dans son *Esprit des Lois:*
« Les moines d'aujourd'hui, les moines d'autrefois,
» Dans la Religion, forcés célibataires,
» Prennent leur célibat, comme des mercenaires;
» Dès lors nous les voyons, en eunuques jaloux,
» Sur l'innocence même épancher leur courroux,
» Ainsi que le renard de notre Lafontaine,
» Vouloir couper la queue à ses frères d'aubaine. »
   Ces débuts, je le sais, ne sont pas trop flatteurs
Pour nos dévots prélats, dont les saintes clameurs
Vont crier sûrement au scandale coupable,
Appelant sur ma tête un arrêt formidable :
Cependant, grands prélats, je dis la vérité,
Apanage inhérent à la Divinité;
Me condamner alors, c'est condamner Dieu même,
Puisque la vérité lui sert de diadème.
Ce n'est pas plaire à Dieu, le fait est bien certain,
Que d'imposer le faux par un titre aussi vain !
Au maître souverain l'impardonnable outrage,
C'est de vouloir nier son immortel ouvrage;
C'est de prendre à rebours, comme on veut le tenter,

Ses chefs-d'œuvre divins, pour le contrarier ;
Pour donner démenti, malgré son évidence,
A l'éternelle loi de sa toute-puissance.
C'est un fait avéré que la Religion
De la loi naturelle est la perfection ;
Or donc, anéantir cette loi de nature,
C'est à son propre auteur que s'adresse l'injure ;
A nul être, ici bas, le divin Créateur
N'a légué le pouvoir, usurpé, destructeur,
De renverser jamais, n'importe le prétexte,
Les lois du tout-puissant dont il donna le texte.
Les coupables fauteurs de l'usurpation
Sont les vrais ennemis de la Religion.
Quels sont ces ennemis, *Seigneurs ?* on le demande :
Mais ce sont nos prélats, qui, par leur contrebande,
De la loi naturelle altèrent l'équité,
Sous prétexte de plaire à la Divinité :
Mais pour réellement placer sous leur puissance
Les hommes asservis par leur omnipotence !
Jamais Dieu défend-t-il lapin ou saucisson ?
Qui donc les interdit ? c'est votre ambition !
De Dieu, de vous, qui croire, en cette circonstance ?
A nos *très-saints* prélats, prometteurs d'indulgence !
Préchant, au nom de Dieu, vos propres intérêts,
Vous trompez les mortels, pour les prendre en vos rets ;
Les tromper, les leurrer, c'est votre but coupable ;
Plus l'homme est abruti, plus il est malléable !

De vos pieux complots le terme arrive enfin ;
Par vos ruses formé, le peuple est un malin

Qui s'apprête, gaillard, à soutenir la lutte
A laquelle, imprudents, vous l'avez mis en butte :
N'espérez pas, *Seigneurs*, prétendre l'aveugler ;
Il sait bien vous comprendre, il sait bien vous juger !
Votre pape romain, forcé par circonstance,
Des *Jésuites*, bien, débarrasse la France ;
Mais notre bon papa, pour consolation,
De nos savants français veut l'immolation !
A ce compte hé mais, il aurait la victoire !
Mais cet espoir est vain, veuillez bien nous en croire !
Pour satisfaire Rome et sourire aux prélats,
Le peuple souverain ne vend ses avocats !
Nos savants immolés, notre cause est perdue ;
Nous ne subirons pas cette déconvenue,
Tenez-vous-le pour dit ! Si donc, recommencez
Une guerre nouvelle ; inventez, outragez,
Attaquez, de nouveau, nos hommes de science ;
Réchauffez, s'il le faut, le mot de *pestilence* ;
Nous autres citerons du bon père *Moullet*
La morale si pure et celle *Loriquet* :
De ces nouveaux débats la belle polémique
Satisfera, croyez, l'opinion publique,
Et, sans qu'on aille à *Rome*, entendre les avis
Du pape ou cardinaux, la France aura *Paris* !
Cette immense cité, cette *Athènes* nouvelle
Saura bien terminer cette absurde querelle ;
Elle a ses érudits, *Michelet* et *Quinet*,
Dupin, Barthélemy, Cousin, Thiers et Saisset,...,
Puis, elle invoquerait les députés de France

Qui sauraient bien mâter votre vaine insolence!
Qu'aurez-vous donc gagné, dans ces nouveaux débats?
Le pouvoir d'anathème et sur *souris* et *rats*!
De la solution de la nouvelle affaire
Surgira, sûrement, la cause populaire,
Triomphante, à la fin, des débats incessants
Dont la fatigue, à tort, un amas d'intrigants!
L'on ne verra jamais un trompeur syllogisme
Obscurcir la raison de son subtil sophisme ;
Tous ces vains arguments, par l'erreur enfantés,
Ne peuvent qu'égarer de crédules dupés ;
Car, tandis qu'on néglige, avec soin, l'évidence,
L'on cherche, avec malice, une vaine science :
Juste, le tout puissant, en sa noble bonté,
Voulut faire éclater l'utile vérité,
Dont les brillants rayons, pétillants de lumière,
Ne laissent rien d'obscur en aucune matière,
Soit qu'elle ait pour objet une religion,
Quelque point débattu de législation,
La vérité, toujours, resplendissante et pure,
Emprunte, pour parler, la voix de la nature.
Ils sont vaincus déjà, ces imposteurs pieux
Qui nous donnent, pour vrais, leurs rébus dangereux ;
Emploient, pour tromper, un vain pédagogisme,
De leurs secrets dévots ridicule empirisme,
Se servent, pour leurrer, d'un absurde jargon,
Que blâment le bon sens et la droite raison ;
Langage ténébreux, aussi subtil que louche,
Qui semble renier ce qu'exprime la bouche :

Ce triste obscurantisme, ah! soyez-en bien sûrs,
Vous cache, adroitement, quelques dogmes impurs !
Serait-ce, par hazard, que la langue française
Révélât, tout d'abord, la sottise niaise
De ces prédicateurs de contes saugrenus,
Ou de vains coq-à-l'âne, ou mille autres abus ?
De nos prélats malins le rusé stratagême
Prétendrait donc tromper, voire jusqu'à Dieu même !
C'est la *Bible* à la main, qu'un docteur chrétien
Doit prêcher aux humains : hélas ! il n'en est rien !
L'Evangile est caché pour tous les yeux profanes ;
L'on traite les mortels en véritables ânes !
Pourquoi cela ? hé mais, vous ne le sentez pas ?
L'Evangile compris, adieu le vain fatras
Que ces fieffés dupeurs, avec leurs commentaires,
Imposent aux humains, intéressés faussaires !
Avec la vérité, comment alors tromper ?
Avecque l'Evangile on ne peut qu'éclairer !
Ce n'est pas là leur compte; ils détestent la *Bible*,
Qui rendrait toute erreur à jamais impossible,
Tandis qu'en altérant la doctrine de Dieu,
Ils veulent, les malins, dominer en tout lieu;
En déguisant, hardis, la divine parole,
Ils nous donnent pour vraie une vaine hyperbole;
Vont prêcher, les trompeurs, que l'aliment du pain (1)
Contient *réellement* le maître souverain !!

---

(1) Le dogme de la Cène, dans la catholicité primitive, était

Et puis après, féconds, en sottes menteries,
Ils débitent, pieux, leurs saintes rêveries.
Qui le croira jamais? des niais, des dupés
De croire à tels rébus se montrent empressés !
L'on voit bien pis encore, un triste absolutisme
Favorise, à dessein, cet obscur empirisme ;
Les peuples abrutis par ce dogme imposteur,
Croyent y rencontrer leur souverain Seigneur !
Ils outragent, les sots, la sainte providence,
Et pensent plaire à Dieu par leur vaine croyance !

   Quant à nous, citoyens, conservons notre foi ;
Que l'Evangile saint soit toujours notre loi ;
Mais, mépris mérité pour ce vil romantisme,
L'ennemi des mortels et du christianisme !
Du mensonge écartons le culte dangereux,
Qui, par sa fausseté, révolte tous les yeux,
Et dont la sainte audace, à force de scandale,
Provoque contre lui la haine générale !
Des peuples abêtis il méconnaît les droits,
Et les livre, enchaînés, aux pieds de tous les rois :
Puis, prenant à rebours les œuvres de Dieu même,
Voudrait en remontrer jusqu'à l'être suprême ;
A son gré renversant les décrets éternels,
Gravés dans tous les cœurs, monuments immortels
Qu'un Dieu législateur, dès le berceau du monde,
Eleva, bienfaisant, de sa force féconde !

---

aussi simple et touchant que le romantisme religieux l'a fait
absurde par son exagération. (Voir p. 20 des notes)

Certes, le romantisme, en la religion,
Est faux et dommageable, et pure fiction,
Dangereux instrument qu'un orgueil détestable,
Forgea, pour baillonner tout homme malléable !
Pour y croire, il faudrait abjurer la raison,
Puis échanger le vrai pour une fiction ;
Il faudrait renverser les droits de la nature,
Et mettre tout vivant, chaque homme en sépulture !

Qu'il n'en soit pas ainsi, citoyens généreux ;
Méprisez, à bon droit, ces dogmes odieux,
Ennemis des humains, si féconds en roûrie,
Qui vous font renoncer aux devoirs de la vie,
Sous le prétexte vain d'une perfection
Qui n'aboutit, vraiment, qu'à la corruption.
Pour règle nous avons notre saint Evangile,
Qu'il nous faut pratiquer, d'un cœur toujours docile ;
Qu'il soit donc, désormais, notre guide toujours ;
Nous verrons luire, encore, espérons d'heureux jours,
Et disparaître enfin ce vil charlatanisme
Enfant étiolé du vrai christianisme !
Donc, que chacun de nous, par un effort moral,
S'apprête, courageux, au combat général,
Aidés que nous serons par maint puissant génie,
D'un absurde fléau délivrons la patrie !

Croyez-le, citoyens, jamais de liberté,
Jamais de droits aucuns et jamais déquité,
Sous l'empire odieux d'un absurde mensonge
Qui trompe les humains, les avilit, les ronge !
Par de pieux dupeurs le cierge allumé

Offre l'expression de notre humanité ;
Tenez-le pour certain, le flambeau qu'on allumé,
Le cierge brûlant, qui toujours se consume,
Est l'image des sots, des absurdes croyants ;
L'homme est une bobine aux yeux des charlatans ;
De leurs filets nombreux, adroits, ils l'entortilleut,
Des lacets déguisés autour de lui fourmillent :
L'homme n'est plus à lui ni l'image de Dieu,
On le circonvient, toujours, et en tout lieu ;
On prétend le sauver, seulement on l'amuse ;
Démasquons, courageux, cette coupable ruse ! »
    Ainsi parle le peuple ; et certe, il a raison ;
Il connaît les fauteurs de la religion ;
Avec son gros bon sens, pénétrant, perspicace,
De nos saints intrigants il saisit la grimace ;
Il les sait pénétrer, les juge sainement,
Et nourrit le désir d'un affranchissement :
De ce moment heureux il voit luire l'aurore,
Trop longtemps on en fit une vile pécore !
A ce penser poignant son cœur est indigné
De se voir si longtemps saintement abusé ;
Il appelle ardemment sa juste délivrance,
Il désire le jour de son indépendance,
Où serviteur du Christ, vraiment religieux,
Ici-bas, comme au ciel, il se verrait heureux !
D'un bon gouvernement, guidé par la justice,
Il attend un concours qui lui sera propice :
De ces deux choses l'une : ou nos prélats touchés

Au peuple annonceront d'utiles vérités,
Ou sinon il lui faut ouvrir la concurrence
Par des prêtres zélés, dignes de confiance!
Ce désir est très juste, il serait révoltant
D'imposer aux Français un culte abrutissant,
Quand de bons citoyens, d'une forme docile,
Demandent la faveur du joug de l'Evangile!

NOTES.

Bien des hommes graves s'appliquent à la recherche des causes qui arrêtent visiblement l'heureux élan qu'avait pris le retour des Français à la religion de leurs pères, depuis la révolution de 1830.

A part le mécontentement légitime du peuple français de voir menacer son indépendance et sa liberté religieuse par des évêques imprudents et impolitiques, ennemis trop connus de la révolution de 1789, qui a restauré la dignité humaine, et rétabli les bases du vrai christianisme en France, n'est-il pas trop évident que le romantisme religieux est l'ennemi mortel, le destructeur implacable de la religion évangélique, fondée par notre divin rédempteur?

Quand ce fut précisément les pauvres, les infortunés que le Christ favorisa de sa prédilection spéciale, les faits ne démontrent-ils pas que le despotisme religieux est une religion de priviléges pour les riches et les puissants de la terre? Quand il est constant que l'Evangile, de l'aveu de tous, renferme les éléments de la liberté, de l'égalité parfaite, vu qu'il déclare que « tous les hommes sont frères et égaux devant Dieu et « devant la loi, » n'est-il pas patent que le romantisme religieux, faisant défaut à ces conditions essentielles et fondementales, flatte toutes les espèces d'aristocraties, au détriment des masses populaires, dans le but trop évident de s'appuyer sur le crédit des puissants du siècle, pour restaurer son influence temporelle qui le perdit autrefois, et qui consommera définitivement sa ruine?

Beaucoup plus encore qu'on le pense, le peuple qu'on méprise et néglige, est pénétrant, et l'application de ce proverbe est ici naturelle : « Ignorant comme un prédicateur, malin « comme un auditoire! » Le prédicateur, c'est le romantisme religieux ; l'auditoire, c'est le peuple français!

Quelle confiance peut avoir le peuple aux prédicateurs intéressés du privilége que la révolution de 1789 est venue détruire? Or, sur quel appui repose évidemment l'espérance de la domination épiscopale? Sur le privilége nobiliaire avec lequel elle a commis la faute impardonnable de faire alliance. D'un pareil état de choses il en arrive naturellement ce qui devait arriver, c'est que le peuple ne pénètre que trop qu'on veut de nouveau le mettre sous le joug d'une aristocratie détestée.

L'ambition et l'orgueil manquent souvent de prudence et de retenue ; l'ancienne noblesse, déchue à jamais de ses anciens priviléges par la révolution de juillet, s'est jetée politiquement dans les bras de la religion, dont elle espère l'influence à son profit. Dès lors, on flatta les évêques pour se les rendre favorables, dans l'espoir et le but que cette influence produirait le retour à l'ancien régime.

Il est sur la terre peu d'hommes assez généreux pour échapper à l'action d'un intérêt séducteur; aussi vîmes-nous l'épiscopat faire cause commune avec la haute noblesse opposante, au détriment du gouvernement lui-même, dont l'autorité n'est que momentanée sur les évêques, précisément quand il les nomme; mais, une fois installés, les évêques sont acquis à ceux qui seuls peuvent les séduire par l'appât des honneurs, des richesses et du prestige temporel. Sans doute, le traitement épiscopal se paie exactement, mais les dons de la haute noblesse triplent le revenu du haut clergé. Ne pas comprendre cet état de choses, ce n'est pas comprendre la situation. D'où vient la richesse des évêques et des jésuites? de la haute noblesse non ralliée. D'où vient cet effort mal dissimulé pour l'asservissement du peuple? de la haute noblesse. D'où vient la censure des esprits libres et indépendants? de quelques membres de la Chambre des pairs. Nier un pareil fait, c'est nier l'évidence.

D'un pareil état de choses résulte la communauté d'intérêts entre l'aristocratie nobiliaire et l'autorité épiscopale; pour être tacite peut-être, l'accord n'existe pas moins. La noblesse ne sait que trop ce que veut le haut clergé, et le haut clergé ce que veut la noblesse; celle-ci veut le retour de ses anciens priviléges, dominer le peuple et la bourgeoisie; le clergé, lui,

Veut la domination sur l'intelligence par l'abrutissement de l'esprit; on mettra des bornes à l'esprit humain; on jalonnera le chemin de l'intelligence, et l'on dira aux vilains : « N'en-« trez pas dans le domaine de la foi, c'est notre héritage ex-« clusif; Dieu même a élevé la barrière! »

Seulement il est fâcheux que la prétention soit mensongère, puisque la foi est une propriété commune à tous les fidèles et non celle exclusive des évêques. L'Évangile est la terre pro-mise par l'Ancien Testament aux croyants, et octroyée par le Nouveau Testament. Prétendre que l'exploitation de l'Évangile appartient aux évêques seuls, c'est la même prétention usur-patrice que de prétendre que l'ancienne noblesse naissait avec le droit de maîtriser l'humanité entière. Autrefois, les nobles naissaient colonels, généraux, gouverneurs, etc.; les évêques, eux, se prétendent les maîtres des fidèles, quand Dieu les a faits leurs serviteurs. « Qui est le plus grand de celui qui sert, « ou de celui qui est servi? C'est celui qui est servi. (Saint-« Luc.) » Donc, c'est le peuple chrétien qui est le plus grand.

Ce rapprochement rend saisissable la double prétention de la noblesse et du haut clergé : ils veulent remplacer Dieu sur la terre et non honorer Dieu; car s'ils voulaient honorer Dieu, ils n'usurperaient pas ses droits. Or, Dieu est seul maître absolu, et après Dieu, l'humanité, sa créature: *Vox populi vox Dei* : donc tout pouvoir vient de Dieu ou de l'humanité, sa créature, sa fille, son héritière. Les gouvernements absolus sont encore païens !

Que si donc une classe privilégiée prétend absorber les droits de la communauté humaine ou évangélique, elle est usurpa-trice, par conséquent immorale; donc les prétentions de la no-blesse et celles des évêques sont fausses, immorales, quand l'une prétend dominer exclusivement au temporel et l'autre au spi-rituel, ce qui revient au même; Dieu seul peut être absolu!

Il faudrait ne pas connaître l'homme pour s'étonner de cette fusion d'intérêts de la noblesse et de l'épiscopat : tous les in-térêts identiques ou analogues tendent à se confondre; s'il fallait s'étonner de quelque chose, ce serait de l'absence de cette fusion naturelle à l'humaine ambition.

Cette double prétention nobiliaire et épiscopale que nous

signalons, le peuple l'aperçoit comme nous, la partie éclairée du peuple du moins, et voilà pourquoi l'immense partie du peuple s'éloigne du romantisme religieux, à proportion qu'elle est plus éclairée, car elle comprend à merveille qu'elle est esclave et déshéritée là où elle est partie prenante et héritière légitime.

De cet état de choses surgit un inconvénient inévitable qui tourne encore au détriment de la religion. Par la nature même de nos lois populaires d'égalité devant la loi, la noblesse n'a réellement plus de priviléges; or, les priviléges lui sont si agréables, qu'elle aime à en trouver dans les églises mêmes. Nouveau motif de répulsion pour le peuple; car, s'il doit y avoir égalité, c'est bien devant l'autel de celui qui eut une crèche pour berceau, une pierre pour oreiller, une épine pour couronne, une croix pour dernier chevet!

Voici pourtant ce qui arrive à Paris et dans toutes les villes populeuses de France. Les églises ne sont plus des temples graves et majestueux dignes du Tout-Puissant, mais des boudoirs mondains et somptueux, de véritables théâtres religieux. Enfin arrive un jour de grande fête où le peuple éprouve le besoin de recourir à Dieu : le peuple, partout en majorité, veut approcher de l'autel du Très-Haut, il ne le peut; l'aristocratie nobiliaire et pécuniaire, la pire de toutes, ont élevé des barrières contre lui. L'aristocratie, ce privilége qu'elle ne rencontre plus nulle part, ni dans les lois ni dans la rue, elle la trouve dans l'église, élevée en l'honneur d'un Dieu immolé pour détruire le privilége, qui condamna, toute sa vie mortelle, le riche altier et dominateur. Tandis que la richesse se pavane dans l'église sur des siéges d'un bois précieux, lui, pauvre peuple, est assis sur la paille; cette distinction le blesse, et l'on ne voit plus aux églises que les riches, leurs valets, les marguilliers et les bedeaux!

L'adoption funeste des classes, pour les honoraires du casuel, est encore une vexation humiliante pour la masse populaire et pauvre; c'est surtout alors qu'elle sent amèrement que la pauvreté qui mérita la préférence de Dieu lui attire une poignante humiliation.

Un prolétaire veut-il se marier à l'église, il abordera le bedeau; s'il est Parisien, il sera cent fois plus vaniteux qu'un autre Français, dont la vanité est le caractère dominant. Voici, par exemple, un futur, c'est un Parisien; il consulte le sacristin qui lui répond : « Vous voulez vous marier (rien de mieux « pour les badauds, les prêtres se gardent de se marier!), nous « avons ici différentes chapelles, de quoi satisfaire tout le monde; « il y en a pour le plus pauvre comme pour le plus riche : « tenez, dans cette chapelle noircie, masquée, on se marie « pour 10 francs de location. — Mais fi donc! se récrie le Pa-« risien, j'aime mieux me marier à la mairie; votre chapelle « est bonne pour des canuts! — Vous avez bien raison, je suis « de votre avis; aussi avons-nous d'autres chapelles : celle de « Saint-Jean-Baptiste, de Saint-Joseph, de Sainte-Anne, de la « Sainte Vierge; oh, mais! le prix en est un peu salé, je vous « en préviens! Je vous propose donc la chapelle de Saint-Jean-« Baptiste pour 15 fr. — Mais saint Jean-Baptiste n'avait qu'une « peau de chameau pour tout vêtement, c'est le patron des « déguenillés! Que dirait ma promise, si... Ça n'est pas riche, « la grisette, c'est orgueilleux en diable! Ça ne vous a pas de « chemise et ça vous porte cachemire des Indes! Fi donc de la « chapelle de votre Saint-Jean-Baptiste! — Alors choisissez celle « de Saint-Joseph, celle du père nourricier de Jésus-Christ, elle « est honorable celle-là! — Votre saint Joseph, mais c'était un « charpentier! Ah bien oui! que j'aille dire à ma promise « qu'elle se mariera dans la chapelle des charpentiers! elle « préférerait se mettre avec moi en garni, puisque les fils des « pairs s'y mettent bien! — Eh bien, nous avons la chapelle « de Sainte-Anne. — Point de votre Anne! Cette fois, je parle « pour mon compte; c'était une vieille radoteuse que votre sainte « Anne! Je croirais avoir un sort en me mariant sous son pa-« tronage! — Il nous reste la chapelle de la Sainte-Vierge; « mais le prix, vous savez!... C'est la chapelle de prédilection, « celle de la noblesse, la chapelle en vogue depuis que l'abbé « Desgenettes a découvert à la mère de Dieu les qualités nou-« velles que vous savez, et que Monseigneur Devie a ratifiées « sincères et véritables! — Voyons, le prix? aussi bien ma « promise aime à faire ses dévotions dans cette chapelle où « dit-elle, il y a toujours du beau monde. Ce n'est pas qu'elle

2

« soit ni moins orgueilleuse ni moins coquette qu'une autre
« ma future; mais elle fait le *Mois de Marie* avec la jeune com-
« tesse Tribouillard, dont elle est lingère; voire même que notre
« beau vicaire lui a donné l'immaculée Conception, en lui re-
« commandant bien d'imiter la Sainte-Vierge! Mais le prix? —
« Quarante francs! — Quarante francs!!! c'est à donner une
« vocation éternelle au célibat! autant vaudrait m'en aller
« au séminaire pour y faire vœu de perpétuelle continence!
« j'y aurais du moins la compensation de me nourrir l'esprit
« des cas de conscience du père Moullet; c'en est un celui-là de
« peintre de nature qui n'épargne pas la couleur! Nous ne ferons
« pas affaire, monsieur l'abbé; de deux choses l'une, ou je me
« mets en garni avec mon Hélène, ou je passe ma vie à méditer
« des cas de conscience, ayez donc égard à ma situation; je
« suis un noble artisan moi! je suis correcteur d'imprimerie
« (de cet art qui donne le choléra à nos seigneurs les évê-
« ques!). — Ah! vous êtes imprimeur! ceci mérite considé-
« ration. Notre seigneur l'archevêque (et non pas cet autre) est
« un homme prudent, surtout depuis que les roquets de l'U-
« niversité lui ont déchiré les mollets. Ainsi donc, chut! Vous
« serez marié à la chapelle de la Sainte-Vierge, et gratuitement
« encore... Mais c'est notre affaire, monsieur l'artisan en impri-
« merie, silence *et motus*! la reconnaissance est la vertu des
« nobles! »

Ainsi voilà littéralement comme la malice du romantisme
religieux spécule sur la vanité française et surtout parisienne;
il ne peut plus s'enrichir, aujourd'hui, par l'invention des
faux miracles et la vente des indulgences; il déplace son im-
pôt et le met sur la vanité éternelle du bon peuple français;
ainsi courage, mesdames et mesdemoiselles les duchesses, mar-
quises, comtesses et baronnes, obéissez à nos seigneurs les évêques; allez à l'église, aux saluts du mois de Marie, vous serez
imitées par les bas-bleus, par les esprits vaniteux qui aiment le contact du beau monde. Vous ferez même du prosély-
tisme. Timon, Rossi, Montalembert, Libri, etc... vous servi-
ront de chevaliers au céleste festin; car, eux aussi, aiment le
beau monde, mais le beau monde dévot grossissant, la plèbe
sera mise à la porte de l'église, trop heureux serez-vous si elle

ne s'amuse à casser les vitres du temple ; ce serait alors que
la deuxième erreur serait pire que la première !

Mais que dirons-nous des saluts du soir de certaines églises
de Paris ? O La Bruyère ! si tu revenais au monde, tes pinceaux
satiriques auraient de quoi s'exercer de nouveau ! tu stygma-
tisais ainsi les saluts de ton temps : « Déclarerai-je donc ce
« que je pense de ce qu'on appelle dans le monde un beau salut ?
« La décoration souvent profane, les places retenues et payées ;
« les entrevues et les rendez-vous fréquents, les causeries
« étourdissantes ; quelqu'un monté dans une tribune, qui y
« parle sans autre zèle que celui de rassembler le peuple, pour
« l'amuser, jusqu'à ce qu'un orchestre, le dirai-je, et des
« voix qui concertent, depuis long-temps, se fassent enten-
« dre. Est-ce à moi de m'écrier que le zèle de la maison du
« Seigneur me consume, et à couvrir le voile léger qui couvre
« les mystères, témoins d'une telle indécence ? Quoi, parce-
« qu'on ne danse pas encore aux théatins, me forcera-t-on
« d'appeler tout cela office d'église? » (La Bruyère, t. II,
p. 208).

Et qu'étaient-ce donc que les saluts de La Bruyère en com-
paraison de ceux Notre-Dame-des-Lorettes ?

Déconsidéré aux yeux des personnes graves et instruites, le
romantisme religieux n'exerce qu'une action factice sur les
sens qu'il flatte par de vains spectacles. L'empire des âmes lui
échappe; il amuse les sens, le sot public et les partisans de
l'orgeuil et du privilége. Quant à l'essentiel de la religion, c'est
bien de quoi il s'occupe, vraiment ! Moraliser l'homme,
l'ennoblir par les sentiments de l'Evangile ; avec l'Évangile adieu
toutes ces phantasmagories ridicules et sacriléges ! avec l'Évangile on ne domine pas, on se fait humble ; avec l'Évangile on ne
s'enrichit pas, on devient pauvre, compatissant ; avec l'Évangile l'âme s'éclaire, s'élève, se purifie ; fi donc du malencontreux
Évangile ! on veut semer les ténèbres sur le chemin du chrétien,
qu'on veut non sauver, mais exploiter ; on met un bandeau
épais sur les yeux du fidèle et on lui donne un bout de la lisière
qui sert à le conduire comme on fait à un âne en lui passant la
longe !

L'homme ressemble à Dieu par la raison ; le tout-puissant

c'est la raison suprême; donc, pour dégrader l'homme, on détruira la raison. Ce ne sera plus Dieu que l'homme adorera, ce sera les supplanteurs de Dieu ; l'idolâtrie sera substituée au vrai culte de la divinité! aussi, le romantisme religieux est-il conséquent avec lui-même ; pour lui, l'infâme c'est la raison, la science, l'intelligence, l'évidence! écraser l'infâme raison voilà son cri de guerre, qui équivaut à ce cri. « écraser Dieu! » puisque Dieu et la raison sont une même chose, sauf le dégré, infini dans Dieu, borné dans l'homme!

A quoi, effectivement, sert la raison ? mais à connaître Dieu. Mais, connaître Dieu c'est connaître la vérité et, par là même, connaître le faux, son contraire; mais ce n'est pas là l'affaire des imposteurs qui ne vivent que d'erreurs et de tromperies, qui donnent aux loix de Dieu un démenti formel; qui interdisent les aliments que Dieu a prodigués avec tant de munificence; qui vendent les choses saintes que Dieu veut donner gratuitement, etc... *Gratis accepistis, gratis date* (Saint-Mathieu).

Il est des matières délicates dont le traitement réclame la réserve la plus respectueuse; pour nous, nous respectons les dogmes primitifs de la véritable catholicité, mais nous repoussons avec un égal mépris les exagérations saugrenues du romantisme religieux.

Le dogme de la cène primitive était aussi sensible que touchant et moral ; par son exagération on en fait un scandale repoussant. On prend à la lettre une parabole pour une réalité, on en fait un romantisme impur! Ce n'est pas la parabole de saint Jean l'évangéliste, chap. VI, qu'il faut prendre à la lettre, mais le passage du chap. IV, v. 56 : « Ma nourriture est de « faire la volonté de celui qui m'a envoyé, de mon père. » *Cibus meus est facere voluntatem ejus qui misit me.* Ainsi, de même que la nourriture du fils de Dieu était de faire la volonté de son père, de même la nourriture des chrétiens est de faire celle de son fils, c'est-à-dire de se nourir de la substance, du corps moral de Dieu, de la vérité, de la charité, de la miséricorde, de la compassion, de la tolérance, toutes vertus qui composent le corps moral de Dieu et de son fils unique.

Considéré dans ce sens, le dogme de la présence réelle est raisonnable, rationnel, admirable de morale; puisqu'il implique l'obligation de se nourrir l'esprit de la substance de Dieu qui sont ses vertus constitutives.

L'histoire de l'Église nous apprend que ce dogme était ainsi enseigné dans les quatre premiers sciècles de l'Église; seulement la charité y était poussée trop loin dans son expression matérielle. L'on s'embrassait dans l'agape, sans exception de sexe, ce qui mettait le feu aux étoupes !

Tertulien contre Marcion, chap. 40, dit positivement : « Le « pain est le corps du Christ, c'est-à dire la figure du corps du « Christ : *Cibus corpus Christi, id est figura corporis Christi.* »

Quand les évêques devinrent tout-puissants, qu'ils dominèrent les rois, qu'ils eurent écarté les députés du peuple dans la foi, ils abusèrent le peuple par le merveilleux, dans un but d'intérêt, celui du casuel.

Rien, assurément, n'est plus respectable que la messe, comme pieux souvenir de la mort de notre divin Sauveur; mais si l'on en fait un sacrifice véritable, c'est mentir à l'histoire, à la logique, aux faits. Que dirait-on si, parlant de la mort de Turenne, par exemple, on prétendait faire de la commémoration de sa mort un sacrifice pérpétuel? ce serait une absurdité. L'invocation de Bossuet ne prouve rien ici, il était intéressé dans la question; le témoignage du concile de Latran, de Trente, etc., ne prouve pas davantage, parce qu'ils étaient intéressés à l'exploitation de cette exagération que le peuple chrétien n'a jamais consentie par l'acceptation de ses députés dans la foi; au contraire, tous les peuples chrétiens émancipés ont rejeté cette exagération.

Il faut en dire autant de la confession auriculaire, c'est un excellent conseil, c'est une très bonne pratique pour les enfants, les ignorants, les infortunés qui ont besoin d'instruction et de consolation; mais Dieu seul peut remettre les péchés, comme dit saint Marc, ch. 2 : *Quis potest dimittere peccata nisi solus Deus?* Puisque Dieu seul connaît les secrets de la conscience, il peut donc seul aussi porter un jugement compétent.

Au surplus, nous soutenons, avec la religion catholique réformée, que dans saint Jean, ch. 20, l'on fait dire à Jésus-Christ ce qu'il n'a pas dit effectivement. Voici les paroles du Sauveur dans le canon primitif : « Ministres du Seigneur, vous décla-

« rerez au peuple que les péchés sont remis à qui Dieu les aura
« remis, ou retenus à qui Dieu les aura retenus. » Ainsi Dieu
n'a pas donné, n'a pu donner à l'homme le pouvoir de remettre
les péchés. Le pouvoir de remettre les péchés par les prêtres
impliquerait une absurdité de la part de Dieu, ce qui est un
blasphême !

Cependant, où en sommes-nous aujourd'hui encore avec le
romantisme religieux? A tout prix il demande le privilége de
prêcher ses exagérations évidentes; c'est que son orgueil ne
veut pas avoir de démenti ! et pour éviter ce démenti, il anéantit
la raison humaine, Dieu autant qu'il est en lui ! S'il veut s'em-
parer de l'éducation de la jeunesse, c'est pour en faire une
chose, un instrument pour croire à ses billevesées; s'il rend
nos prêtres esclaves, c'est dans le même but. Vains efforts cependant; Montesquieu dit, dans son *Esprit des Lois*, sur l'éducation
dans les monarchies : « Nous recevons trois sortes d'éducation,
« 1° celle de nos parents, 2° celle de nos maîtres, 5° celle du
« monde, et celte dernière détruit les deux autres. »

Ce qui était vrai alors l'est surtout aujourd'hui. Pourquoi
donc ne pas admettre un plan sage et conséquent dans l'éducation de la jeunesse pour la mettre hors de la nécessité de re-
pousser, à vingt-cinq ans, des rébus qu'on lui enseigna dans
son enfance? Les fausses conséquences de l'éducation sont dé-
plorables et destructives du vrai christianisme. Sur cent jeunes
savants, quatre-vingt-dix-neuf désabusés deviennent les ennemis
de la religion, à cause de son exagération. Tout le contraire a
lieu en Angleterre, où l'enseignement religieux étant raisonnable, ne fait que se fortifier par les autres sciences. Cet inconvénient n'est pas le seul. Le sacerdoce français esclave n'a
aucun moyen de quitter les ornières de la routine. Eh bien !
il arrivera nécessairement que le peuple français s'éloignera
hors de la voie des pasteurs, qu'il en demandera d'autres, ou
qu'il se fera incrédule. On se plaint qu'il l'est déjà, à qui la
faute, si ce n'est au despotisme religieux? Ce ne sera pas en
lui mettant un bandeau sur les yeux qu'on l'éclairera ! Ce ne
sera pas en se servant du pavé de juillet pour faire des bornes
qu'on contiendra l'esprit français dans sa marche progressive;

les bornes se changeraient en colonnes triomphales, d'où il braverait victorieusement le despotisme religieux !

L'esprit humain en fermentation est comme l'eau, elle s'élance dans les airs quand on veut la comprimer. Ce n'est pas en enchaînant l'indépendance native de l'intelligence qu'on la rendra favorable à la religion, la ruse est déjà comprise ; ce qu'il faut dans l'intérêt de la religion, des évêques et du peuple, ce sont des concessions réciproques et nécessaires dans un aréopage religieux.

L'absolutisme religieux nous tiendra-t-il compte de l'exactitude et de la précision de nos raisonnements ? Ce serait une illusion, de notre part, que de l'espérer, nous ne serions même pas surpris qu'il nous attribuât sa propre impiété ! C'est sa manière ordinaire de procéder avec ses contradicteurs.

Pour ôter donc tout prétexte à sa calomnie, nous déclarons croire aux mystères chrétiens, moins leur exagération sacrilége. Nous croyons que la messe est une cérémonie vénérable, mais ridicule comme sacrifice, et seulement comme un pieux souvenir de la mort de la croix.

Nous croyons à la présence réelle, mais comme l'Église primitive y croyait, comme nous venons de l'expliquer ; c'est-à-dire que le corps moral de Dieu (la vérité, la justice, la charité, surtout) doit servir d'aliment à l'âme humaine. Nous croyons à la confession comme conseil, consolation ; mais nous la rejetons comme sacrement, le christ n'a rien changé à la loi naturelle : *veni adimplere legem, non solvere.*

D'un autre côté, nous regardons comme injustice de priver les chrétiens de manger de la viande les jours prétendus prohibés ; nous avons le célibat des prêtres comme immoral et dangereux, l'amovibilité arbitraire des prêtres comme une chaîne d'esclavage, etc...

La vérité est pour nous, elle trouvera une application pratique très prochainement, nous l'espérons, dans un aréopage religieux dont nous avons formulé le plan.

Imp. de P. BAUDOUIN, rue des Boucheries St-G., 38.